우리 시대 현대시조 100인선 93

소금

조주환

태학사

우리 시대 현대시조 100인선 93
소금

초판 인쇄 2006년 7월 10일 • 초판 발행 2006년 7월 14일 • 지은이 조주환 • 펴낸이 지현구 • 펴낸곳 태학사 • 주소 경기도 파주시 교하읍 문발리 파주출판도시 498-8 • 전화 (031) 955-7580(代) • 팩스 (031) 955-0910 • e-mail thaehak4@chol.com • http://www.태학사.com • 등록 제406-2006-00008호

ISBN 89-5966-089-2   04810 • ISBN 89-7626-507-6 (세트)

ⓒ 조주환, 2006
값 6,000 원

☞ 저자와의 협의하에 인지를 생략합니다.
☞ 파본은 구입한 곳이나 본사에서 바꾸어 드립니다.

중앙일보사에서 중앙시조대상(박재삼), 신인상(조주환) 수상식에 참석한 시인들과
(1986. 12)

대전 엑스포기념 국제문학세미나에서 주제발표 (가운데) (1993. 8)

경북문입협회 회원들의 문학기행으로 강원도 평창 이효석의 가산공원을 찾아서 (2005. 8)

경산 꿈의 집에서 한국문협 경북지회장 선거 후 당선인사 (2006. 2. 25)

차례

제1부 소금

대영박물관	13
고향길	14
소금·1	15
소금·2	16
무량수전(無量壽殿) 뜰에서	17
섬 또는 파편	18
풍경·1	19
풍향계	20
공룡 발자국	21
폼페이	22
바람이 우는 날	23
폭포에게	24
겨울 분수(噴水)	25
벽보(壁報)	26
황사(黃砂)	27

제2부 낙엽길

낙엽길	31
탐석기(探石記)	32
탱자꽃 필 무렵	33
성산포 일출	34
천선대	35
별빛	36
단풍	37
해송(海松)	38
일출	39
섬	40
나목(裸木)	41
장미꽃	42
파도	43
후포항	44
바다의 단층	45

제3부 무너지는 음절

돌팔매	49
흉터	50
흩는 눈발을 보며	51
폐차장에서	52
빈 집	53
무너지는 음절	54
백혈병	55
돌밭에서	56
외풍	57
월식(月蝕)	58
황소	59
시멘트 벽	60
겨울길	61
낙선작	62
어머니	63
겨울 들	64

제4부 심안(心眼)

심안(心眼)	67
역설의 맹물	68
엉겅퀴	69
고독	71
부음(訃音)	72
큰 산	73
죄의 흔적	74
부토(浮土)	75
심폐소생술	76
꿈	77
전율	78
내 속에 울던 짐승	79
마른 숲	80
지영에게	81
첫손자	82
천년의 노을	83

제5부 윤동주 생각

윤동주 생각	87
두만강에서	88
독도	89
고래산	90
밥그릇	91
해동기	92
역사	93
참꽃	94
바다가 우는 날	95
대나무	96
도산서당(陶山書堂)에서	97
하회(河미)에서	98
고산자(古山子)	99
망월동에서	100
사할린의 민들레	101
대왕암 · 2	105

해설 냉철한 시대진단과 선비정신의 지표
　· 민병도　　　　　　　　　　　　107
조주환 연보　　　　　　　　　　　127
참고문헌　　　　　　　　　　　　131

제1부 소금

대영박물관
―여자 미이라

뼈 속까지 말리고 말려 영원을 살려던 여인
고국 이집트의 사무친 노을빛까지
끌려와 대영 박물관 유리관에 갇혀 운다.

신석기 바람이 이는 그 태고의 나일 골짜기
터놓고 옷고름 풀고 젖 먹였을 그 날의
아직도 애끊는 모정에
눈 못 감고 우는 게다.

밤들자 별빛에 묻힌 그 강변의 갈대가 울어
흩어진 가족 생각에 청나일 물이 차오르면
속엣 말 핏물로 찍어 쓴
설형문자를 띄운다.

고향길

내 감성의 여울목에 푸른 불길로 타는
아직 마르지 않은 영혼의 탯줄 같은
아득한 경상도 길섶의
탱자꽃을 따 문다.

보현산 산그늘 따라 대추나무 뿌리로 늙은
큰댁 골기와 쪽에 그리움만 파랗게 돋고,
추억은 낙엽을 흩으며
빈 가지를 흔든다.

칼끝 같은 슬픔이 박혀 하늘빛은 더 푸르고
금호강 강물로 울던 내 젊은 날 상흔 위로
길게 휜 산굽이 아득히 한 생애가 저문다.

낡은 항아리처럼 등이 굽은 내 노모는
모진 세월로 퇴행성관절을 앓고
바람은 눈발을 날리며
갈대처럼 흔들린다.

소금 · 1

살아
푸르게 끓던
피와 살은
다 빠지고

깨진
유리조각 같은
저 투명한
물의 뼈가

마지막
지상에 남아
혼의 불로
타고 있다.

소금 · 2

관형어 부사어가 눈썹까지 휘감기는
총선 공약으로 여론이 끓는 바다여
마지막 한 방울 물의
뼈 속까지 말린다.

속살까지 태우고 태워 바닷물을 다 걸러도
희고 단단한 뼈로 마지막 지상에 남을
꼿꼿한 결벽증 같은
소금 한 점 없는가.

비린내 나는 혀끝과 그 혀끝의 지느러미로
영혼은 다 빠지고 맹물만 가득한 도시
휘잡아 다스릴 것이다.
극소수의 강경파가,

무량수전(無量壽殿) 뜰에서

아득히 출렁이는
출렁이는 법문의 바다

끝없는 산등과 산등
저 창해의 숨결 위로

내 혼은 갈잎이 되어
광년 밖을 떠다닌다.

영혼의 꽃받침 같은
목숨도 그저 막막한

아득한 하늘 밖 하늘
그 끝없는 현기증 속에

가끔씩 흰 피가 솟아난
길 하나가 보인다.

섬 또는 파편

286 컴퓨터가 빈터에 버려져 있다.
아직 반짝이는 그 한 때 첨단의 이기(利器)
쓸쓸한 명퇴자(名退者)처럼 의식 속에 서성인다.

차츰, 낡고 녹슬어 지층에 묻힐 저것들처럼
잠시 깜박이는 이 시대의 문명과 가치
목숨도 일회용처럼 바람 속에 묻히리.

어쩌면 우리 모두 이 도시에 박혀 사는
한 개의 톱니거나 그 바퀴의 부품으로
언젠가 망가져 버려질 한 시대의 파편일 뿐,

길바닥에 동댕이쳐진 뒤 비로소 깨닫게 되는
지상의 실체를 본다. 도심에서 밀려나
잊혀진 문명의 섬으로 먼 육지를 부르는,

풍경 · 1

아이는 촛불을 들고 광장으로 쏠려 가
꺾인 두 송이의 풀꽃 같은 영혼 앞에
참회의 눈물을 뿌리며
제 온 몸을 태운다.

짓밟힌 조국의 삶이 뼈에 닿듯 사무쳤기
낡고 두껍게 박힌 인습의 껍질을 깨는
피 묻은 반도의 아픔이
어둠들을 흔든다.

풍향계

감감한 신의 나라 푸른 그 목소리로
풀잎을 깨우는 말씀 우러러 귀 모우며
자꾸만 타드는 갈증을 지침으로 돌린다.

가끔씩 이승을 흔들 혼령의 손끝 같은
크고 잔 흐름이나 눈짓들의 뿌리를 캐
가쁜 숨 멈추지 않고 달려오는 기별아.

내려보고 껄껄 웃다 실개미 잔치를 두고
성호(聖號)를 긋고 있는 우리네 저 쪽 기슭
하늘이 갓 보낸 음악에 그는 하냥 젖어 산다.

공룡 발자국

공룡 발자국 몇이 뼈마디로 꿈틀대는
터널 공사장 벽엔 중생대 불빛이 떨고
바다는 퍼렇게 살아
주름 속에 철썩인다.

두 눈 부라리고 빈 벌판을 밟고 나와
최후의 그 절망을 먹바위에 떨구며
목 놓아 지축을 흔들던
그 산더미 울음소리.

해와 달 청태로 뜬 바닷가 까만 돌 틈
여윈 풀꽃은 살아 내 가슴에 박혀 운다.
외마디 빙하에 무너진
그 순간의 겁에 질려,

폼페이

불의 물줄기가 느닷없이 하늘로 솟다
거꾸로 내려 덮쳐 일순에 삼켜간 꿈들
타다 만 숯덩이 같은
폼페이가 서 있다.

천의 강을 건너온 7세기의 하늘과 땅
용암 덩이로 굳어 울부짖듯 떨고 있다.
더러는 안고 선 채로
만삭이 된 임부로,

흙 묻은 돌기둥들이 무덤처럼 사는 도시
그날 그 최후의 공포, 그 절망의 영혼 앞에
내 속의 흰 풀꽃 몇 송이
참회하듯 얹는다.

바람이 우는 날

옥상 시멘트 틈에 실뿌리 둔 민들레 하나
낯선 허공에 떨며 제 씨앗을 떨구는가
반 꺾인 안테나 허리가
바람에 또 기우는 날.

도심은 톱니를 문 채 불티를 마구 흩고
종일 초침에 걸려 뼈만 남은 내 영혼은
한 떨기 서느런 불빛을
그 밤벽에 터뜨린다.

꿈결에 문득 비친 주민등록 본적란 어귀
텃밭 수숫잎 소리 베갯맡에 쏟아지고
먼 선산(先山) 비문의 낱자가
가슴으로 파고든다.

폭포에게

누구를 위한 투신(投身)인가. 이 청맹(靑盲)의 목숨이여
웅크려 응달에 떠는 핏줄도 이웃도 두고
제 한 몸 허공에 내던져
도주(逃走)하듯 사라진,

이 비열한 영혼이여, 돌팔매를 치느니.
광장 분수에 가 치솟는 분노를 보라
한 떨기 가녀린 풀꽃도
살을 떠는 연대에,

한 시대의 양심을 비껴 바위틈에 숨어든 뒤
육신을 자학(自虐)하듯 부서져간 그 절벽에
핏발선 역모의 밤 같은
긴 흉터만 남아 떤다.

겨울 분수(噴水)

하늘땅이 숨죽이고 싸느랗게 언 네거리
꺾인 꽃사슴 뿔 그 앙상한 꼭지로 남아
뼈 속에 빙점(氷點)을 묻고 서릿발로 타고 있다.

시멘트벽에 떨어진 네 꿈의 죽지를 보라
박힌 피멍 속 새파랗게 이는 불꽃
이 겨울 분수(噴水)를 껴안고 힘줄로 와 떠느니.

물보라 은빛 선율을 저 동천(冬天)에 묻어 두고
창세(創世)의 지열(地熱)이 타는 지층 그 바닥에 가
박힌 못 빗장을 뽑으며 이 동토(凍土)를 녹이는가.

불길을 터뜨리랴, 이 땅의 검은 벽에
밟힌 풀잎들의 그 깡마른 눈빛 낱낱
쏟아질 해빙(解氷)의 함성을 갈증인 양 뜯고 있다.

돌밭 구천 리 길 맨발로 온 물줄기로
짙은 고뇌(苦惱)를 삭힌 목숨의 뿌리 하나
바윗벽 칠흑을 뚫고 엉겅퀴로 돋겠네.

벽보(壁報)

서느런 불빛을 쓰고 웅크려 떠는 담벽
낯선 대자보가 비명 같은 목청으로
온 몸에 불티를 흩으며
부르르 힘줄을 떤다.

휘청여 진땀을 쏟는 통제소 울타리로
선홍빛 꽃뱀 혀가 소스라쳐 굳어가고
땅거미 활개 친 풍문이
전율로 와 휘감긴다.

숨죽여 소름이 일던 그 선율이 터지면서
뇌성벽력이 치고 치솟아 부딪는 불꽃
이윽고 낭자한 울음이
시신처럼 뚝뚝 졌다.

부러진 창검 같은 그 활자의 파편들이
두 눈 부릅뜬 채 거뭇거뭇 흉터를 흩고
허공엔 마디 큰 신음이
혼령처럼 울어댄다.

황사(黃砂)

대륙 허공을 떠 온
저 미세한 황하(黃河)의 난민들….
수천 수백만이 이 반도로 쏠리는 날은
물길에 갯벌이 잠기듯
흰 옷섶이 다 젖는다.

회억(回憶)의 불꽃 속에 하염없이 빠져들다
햇살 설핏한 고조선 뜰에도 닿아
글썽인 역사의 응달길
황토밭을 헤맨다.

이런 날 반도는 또 황색의 봄을 앓는가.
시한폭탄만 같은 안개 정국과 춘투(春鬪)
뼈 속도 헐벗은 목숨은
또 막막히 빠져든다.

제2부 낙엽길

낙엽길

낙엽 진 가지 사이로 신의 자궁이 보일 듯하고
탯줄처럼 드러나는 저 원초의 고향길로
다 낡은 영혼의 집 한 채
지팡이에 끌려간다.

물소리로 흔들리던 개망초 꽃밭 너머
가을 소풍이 끝난 산그늘은 구부러지고
몇 마리 길 잃은 새들만
빈 벌판을 건넌다.

탐석기(探石記)

묶인 끈 다 떨치고 여울길 돌밭에 서면
이승 하늘 다 비워간 뻐꾸기 한 목청 끝에
지금 막 안개를 털며 일어서는 태고(太古)의 숲.

산새가 울음을 떨궈 가뭇가뭇 찍힌 서리
하늘빛 정이 묻어 푸나무 눈을 뜨고
목숨도 호젓이 벗어야 한 점 돌이 떠오른다.

감아야 선히 뵈는 감감한 하늘 저 편
찢기고 할퀸 상흔(傷痕) 삶의 진한 소리, 무늬
더러는 손때를 묻혀 두 뺨에 부벼도 보고.

크고, 잔 불빛들이 무너져 연 주름살 속
물소리, 바람소리 세, 대, 기(世,代,紀)를 깜박이고
돌팍샘 적막이 고여 계곡 더욱 깊어간다.

탱자꽃 필 무렵

능금꽃 도롬도롬 눈을 뜨는 언저리로
빛살보다 짙게 와서 고향 하늘 다 흔드는
한 자락 파아란 강물이 탱자울을 감고 있다.

갯붕어 지느러미 비늘 터는 물결 위로
앳된 머리칼이 꽃눈으로 흔들리고
잎잎이 숨결이 걸린다.
붉은 볼로 젖어 산다.

봉림사 아지랑이 햇순으로 번져 갈 땐
연두빛 물서슬에 돌팔매를 던져댄다.
무심코 가슴이 풀려 탱자울을 적신다.

성산포 일출

성산 일출봉 너머 시원(始原)의 바다를 본다.
빙하기 밤벽 같은 그 절벽을 타고 올라
낱낱이 어둠을 허무는
저 혁명의 함성을,

끓는 관능의 바다, 신의 자궁을 본다.
욕정의 불길로 타는 청동의 살이 터지고
거대한 우주의 남근(男根)이
장검(長劍)처럼
일어선다.

천선대

수천수만의 영혼들이 바위로 와 흔드는
저 전율과 경이(驚異), 저 뜨거운 환호와 함성
일순에 천지가 열리듯
내 온 몸이 부풀었다.

애써 숨기려 해도 탄성으로 터져나는
신의 반란 같은 일만 이천의 봉우리들
낱낱이 가슴에 들어와
내 영혼을 흔든다.

어느 화폭에도 못 다 가둘 느낌과 여운
장엄한 서경의 뼈며 저 직립의 부호들이
일제히 지상을 박차고
하늘로 막 오를 듯…,

별빛
—보현산 천문대에서

내 혼에 타다 남은 감청빛 그리움이
태평양 어느 심해로 한정 없이 빨려들어
비로소 몇 억 광년 밖
네 곁에 가 닿는가.

속살에 휘감기어, 휘감겨 파고드는
내 어릴 적 꿈의 조각과 그 추억의 부스러기들
외로운 사금파리 빛깔로
별빛으로 타고 있다.

단풍

최후의 혈전(血戰)으로 국방색 산이 흔들리고

불티를 방전하는
초고압 전류에 닿아

온 몸이 감전당한 채
꼬꾸라지는 가을 숲.

독도 부근의 해역, 그 하늘을 생각한다.

치솟고 곤두박히는
생선 같은 낙엽들 위로

미세한 혈관이 터져
노을로 부서지는,

해송(海松)

심호흡에 빨려든 저 동해의 푸른 숨결이
몸의 세포란 세포 실핏줄에 불을 지펴
사무친 혹한에 찢어진
그 상흔을 태운다.

겨울바람을 뚫고 초고압 전류를 쏟는
밤의 한 복판, 그 깡마른 가지 끝에
시퍼런 단죄의 칼 같은
혼의 불이 타고 있다.

일출

죽음의 진창 같은
칠흑의 벽을 다 허물고

장엄히 터져나는
북소리 꽹과리소리

이윽고 지축을 뚫고 온
칼끝 같은
햇살들.

섬

파도가 채찍을 쳐
육신을 다 허문 뒤

한 점
씨앗처럼
까맣게 남은
영혼의 뼈

가끔씩 별똥이 떨어져
정적마저 태운다.

나목(裸木)

그해
무성한 풍문
그 언약은
다 깨지고

천 길
오성(悟性)에 든
한 그루
목숨을 본다.

지상은
앙상한 뼈대로
숨소리도
지운
뜰.

장미꽃

관습의 발자국 같은 침묵 속에 잠기어 살다
녹색 이파리들이 민란처럼 봉기할 녘
피보다 붉게 번지는
아, 오월의
숨결들,

파도

깨어진 물의 조각이 일제히 달아나는
그 낱낱의 파편들이 흩어져 울부짖다
거꾸로 곤두박질한다.
해안까지 다 삼킬 듯,

저 투명한 결정들의 물이랑에 귀를 묻는
아, 나는 그 바닷가 한 마리 작은 물새
해일로 뱃전을 덮을 땐
바위틈에 숨어 떤다.

후포항

아직 잠을 덜 깬 채 드문드문 눈 비비는
새벽 후포항의 불빛들이 흔들리고
떨리듯 풋풋한 숨결에 내 온몸이 빨려든다.

기억 속에 설레는 모성 같은 원경의 항구
7번 국도를 가던 영혼들이 다 몰려 와
그 한껏 들이킨 호흡에 먼 수평이 흔들린다.

바다의 단층

1

물소리 허공을 치며 울부짖던 창세의 새벽
갯벌 갈숲에 들어 붉은 울음 떨궈가며
숨죽여 생리를 앓던
아, 너는 숫처녀.

해와 달 한 덩이씩 어둠 속에 토해내던
신의 관능을 본다. 온 몸으로 경련하는
펄펄한 원시의 바다가
연잎처럼 일렁인다.

2

청상의 원혼들이 부르르 살을 떤다.
청동을 깨뜨리고 흰 이빨을 부드득 갈며
날에 날 식칼 하나씩
시퍼렇게 갈고 있다.

3
흡사 파초 잎처럼 아, 짙은 파초 잎처럼
야생동물이 사는 해협에 와 퍼덕인다.
펄펄한 원시의 욕망이
비늘처럼 살아 있는,

풍금소리를 내며 날개를 푸드덕거린다.
눈발이 흩날리고 바다는 펄럭인다.
태초에 지구가 생성한
아, 그 날의 새벽처럼.

제3부 무너지는 음절

돌팔매

성난 파도와 함께 무너지고 싶었니라.
젊은 스승이 든 그 깃발은 펄럭이고
먼 발치 서느런 피톨로
두 주먹만 쥐었던 나.

뛰어들고 싶었니라. 이 연대의 불길 속에
한낱 올가미로 붉은 목청은 지고
그 허공 돌팔매 하나가
내 가슴에 떨어졌다.

흉터

삼척 폐광촌의 카지노 같은 게임 속에
클릭, 클릭으로 몇 문단이 넘어간 사이
무수히 나를 밟고 간 발자국만 남았네.

배추벌레가 뜯어먹던 초록빛 내 시(詩)의 하늘
이제 손바닥만한 해가 슬픔처럼 걸리어
더 이상 버릴 게 없다고 마침표를 찍겠는가.

세기말을 건너며 침잠(沈潛)의 늪에 잠긴 사이
다투어 추파를 던져 추한 이름만 남은
세상은 거짓말 같은 흉터 속에 묻혔네.

흩는 눈발을 보며

벗은 가지 끝에 눈발이 흩는 아침
창백한 텃새들은 환각의 숲 속을 날고
천지는 순백의 공포에 술렁이며 흔들렸다.

분홍 양귀비꽃과 그 어느 왕자가 엉겨
붉은 거품을 물고 거푸거푸 신음을 뱉는
지난 밤 석간의 활자가 꽃뱀처럼 기어 왔다.

백색 필로폰으로 반도는 전율에 떨고
서툰 단속반이 길을 잃고 헤매는 사이
다투어 은밀히 숨죽인
흰 가루가 쌓인다.

폐차장에서

섬뜩한 전율을 본다. 찌그러진 차체에 박힌
그 절명의 핏자국과 그 급박한 순간의 비명
부러진 짐승의 이빨이 탄흔처럼 남아 떤다.

형체마저 일그러뜨린 그 손끝이 보일 듯하다.
헛된 허욕과 오만, 시퍼런 살의의 칼로
스스로 제 목을 겨눈
그 자학의 한 끝을….

상처가 활개 치는 이 지상의 슬픔 속에서
인공 장기와 같은 차의 뼈대와 심장들이
하나씩 허공을 향하여
절룩이며 떠간다.

빈 집

마을 빈집들이 폐선처럼 흔들리고
늙은 아낙 몇 서천으로 등이 굽는
고향은 앙상한 늑골로
시신인 듯 누웠다.

이미 화석이 된 이 연대의 무늬 속
토종개 울음 같은 빈혈이 든 문패들이
무거운 꽃상여 몇 채와
절룩이며 떨고있다.

무너지는 음절

검정 고무신처럼 폐교가 되어 버려진
벽촌 분교장의 그 텅 빈 운동장엔
공업용 쇠기름 라면의
빈 봉지만 흩날린다.

퇴락한 가교사(假校舍) 벽의 뼈만 남은 낙서들이
마른버짐 같은 옛 기억을 꺼내 들고
녹이 슨 건반을 짚으며
풍금소리를 내고 있다.

피붙이처럼 뜨겁던 음절들이 무너진다.
어느 선사의 연대 빗살무늬토기처럼
오늘도 부서진 별빛이
지층 속에 묻힌다.

백혈병

등뼈가 구부러진 저 산의 속내를 보라.
밤낮 핵분열 하듯 제 골수를 무너뜨리는
끔찍한 내전의 화염에
반란군을
안고 우는,

돌밭에서

낯익은 이름들이 다 떠난 길섶을 돌아
다시 돌밭에 와 태고의 숨결을 찾는다.
긴 겨울 혹한에 씻겨
찌든 때가
다 빠진,

이제 인간들 속에 더 이상 찾을 수 없는
뇌 속까지 투명한 한 덩이 순수의 결정
아직도 내 혼에 와 닿을
사무치는
그런 돌.

외풍

기지촌 허공을 본다.
외풍이 드센 날은,
토종 생태계가 난파하듯 펄럭이고,
씨 모를 혼혈의 핏줄이
탄흔처럼 떠있다.

연신 포성이 울고 문고리가 덜거덩거린다.
낯선 유전자의 초강대국 군단 앞에
가녀린 패랭이꽃 가족이
새파랗게 질려 떤다.

성난 군화(軍靴)발로 무차별 짓밟고 오는,
어쩔거나 이 치욕을, 푸성귀 같은 흰 옷섶을
개방이 반도를 흔드는
이 혼돈의 연대에,

월식(月蝕)

글썽이며,
글썽이며 살을 섞는
조선의 아낙

짙은 안개 속
숯이 되어 타들더니

이윽고
푸석한 얼굴로
머리핀을
꽂는
달.

황소

종일 축사에 갇혀 살덩이만 불리다가
피 속에 끓는 힘이 두 뿔로 솟구치면
강 건너 허공을 향해
황소굴레를 흔든다.

산등을 밟고 서서 하늘을 감아 흔들던
아아, 그 울음 그 원시의 힘과 용맹
아득한 농경의 들판이
눈망울에 고인다.

시멘트 벽

여윈 뒤꿈치로
퇴근길을 절룩여오면
다 풀린 어깻죽지
별똥이 와 뚝뚝 지고
깃 빠진 내 사투리들은
문턱에 와 웅크린다.

이 겨울 내 문패는
진땀을 쏟고 있고
시린 관절 속을
박혀 떨던 자정의 새가
한 목청 붉은 울음을
백지 위에 막 떨군다.

겨울길

결빙으로 얼부푼 막막한 지상의 뜰에
깡마른 뼈로 남아 눈발 속에 떠는 나무
허공엔 흰 구름 몇 점
적멸처럼 떠있다.

낙선작

수상 후보로 냈던 추천서가 되돌아왔다.
시퍼런 소인이 박힌 택배 포장을 뜯자
온 몸이 멍들어 상한 채
피 흘리는 증빙서,

온갖 심문에서 모진 고문을 당한 듯
시력 삼십 년이 혈흔으로 낭자하고
며칠째 부러진 날개로
어둠 속을 푸덕인다.

떨어지는 눈물의 그 낱낱의 조각마다
칼끝 같은 전의로 시퍼렇게 되살아나는
결연한 부활의 의지가
구름장을 뚫고 있다.

어머니

목숨의 밑바닥까지 육신을 헐어 태우시다
숯덩이 흰 뼈로
저 광대한 우주를 향해
조금씩
서서히 조금씩
침몰하는
조선의 달.

얼부푼 겨울 강에 흰 치마가 펄럭입니다.
추운 밥상머리 인동의 꽃이 붉어
흥건히 핏물로 고이는 발자국이 보입니다.

터진 영혼의 핏줄 눈물로 다 이어주고
막힌 내 숨구멍 온몸으로 틔우시다
응달진 능선을 밟고 가
노을로 타는 님이여.

겨울 들

부동액을 갈아 넣고 겨울 들판을 간다.
간빙기 구름장 같은 세기말의 한 모퉁이
버려진 농기계 뼈대만 눈발 속에 떨고 있다.

등뼈마저 허옇게 헐린 산등은 황달을 앓고
강둑을 흔들어대는 차량들의 불빛에 질려
쫓기듯 헐벗은 논밭이 도심으로 달아난다.

게릴라처럼 나타나는 흙들의 침강과 융기
옷섶이 다 터진 채 어디론가 끌려가더니
어느새 아파트 군단이 병영처럼 진을 친다.

제4부 심안(心眼)

심안(心眼)

마흔을 겨우 넘자 글자들이 흔들리더니
자꾸만 눈을 닦아도 달아나는 낱자들.
생각은 산 너머 하늘
노을처럼 번진다.

다시 고개를 돌려 돋보기로 낱자를 잡다
눈감고 그저 감감히 눈감고 볼 수밖에
달아나 벽면에 박힌
그 낱자를 찾는다.

눈에 안 뵈던 것들 눈감으니 더 잘 보인다.
낱낱이 가슴에 쏠려 이슬 빛을 단 것들
그 모두 용서도 하고
실타래를 풀어준다.

역설의 맹물

이승에 소풍 왔다가 귀천(歸天)했다는 천상병의
티 없는 영혼을 본다.
칼날보다 더 섬뜩한
한 사발 역설의 맹물로
이 지상을
다 울궈 간…,

대도(大盜), 천상병이 구천(九泉)에서 껄껄댄다.
뽀얀 양털 같은 인간의 손을 보라며,
그까짓 검은 돈 몇 푼쯤
거미줄에 걸려 떠는…,

엉겅퀴

천 길 깎아 세운
벼랑 끝 성벽(城壁)을 물고
박힌 피멍 낱낱
기름을 짜 불붙인다.
그 등뼈 짙푸른 목숨
넋을 켜는 저 힘줄.

굵은 못 손마디가
바위틈을 뜯고 있다.
시린 눈빛으로
모아 쥔 두 주먹에
도끼로 어둠을 빠개며
빛살 찾아 쳐든 목.

날빛 억새잎이
불티로 와 떠는 길섶
돌각담 한금한금
핏자국 짚고 올라

하늘가 몇 벌의 허물
훨훨 벗어 던진다.

고독

텅 빈방에 들어선다.
아이들이 다 떠난 뒤

살을 물어뜯는
저 흉흉한 한 마리 독충

온 몸의 뼈를 녹인다.
그 한밤을 타고 와,

이제 죽는 날까지 저 놈과 싸워야 하리.
앙상한 신경의 그 메마른 가지 끝에
서정의 뇌수를 말리는
이 고독의
창검들.

부음(訃音)

내 믿음을 일순에 꺾는
참으로 어이없는,

천길 나락으로
느닷없이 추락하는

한 떨기 목숨에 대한
이 황당한
절망감.

큰 산

제 몸을 몇 번 태워야 닿을 수 있는 성(城)입니까.
우러를수록 더욱 먼 형이상학의 높이에서
아득한 한 채의 종교로
사뭇 떨게 합니다.

땅 위의 어둠을 뚫고 숙연(肅然)히 창천(蒼天)에 솟아
한 점 티끌도 지운 그 순수와 고결의 절정
단호한 천애(天涯)의 벼랑은
푸른 솔을 기릅니다.

한 줌 뼛가루로 그 능선에 묻혀도 좋을
신의 영토만 같은 투명한 영혼의 땅
저 무한 우주로 열려
하늘빛이 고입니다.

죄의 흔적

마흔이 겨우 지나자 이 뿌리가 흔들리더니
희끗희끗한 머리칼로 죄의 무게가 드러나고
허름한 지명(知命)의 집채가
기우뚱히 흔들린다.

목과 얼굴에 돋는 죽음의 반점들이
바퀴벌레로 기어 나와 내 영혼을 갉고 있다.
담담히 찻잔을 들 듯
먼 하늘을 우러른다.

부토(浮土)

어린 것 부둥켜 업고 아홉 번째 이사를 한다.
이 겨울 또 몇 배 오른 집값 땅값의 높이로
사글세 아득한 둥지가
꺼질 듯이 흔들린다.

하늘에 가 닿으리란 내 집 마련의 꿈 하나로
꽃씨처럼 부운 적금이 허공에 떠 부대낀다.
치솟아 닿을 길 없는
아, 여긴 '70년대,

고층을 죄 삼킬 것 같은 그 허욕에 불이 붙어
갯벌, 갈밭은 온통 바람이 되어 술렁이고.
그 밤도 선산 한 뙈기 허공으로 떠갔다.

심폐소생술

쥐었던 손이 풀려 세상의 끝이 흔들리자
꺼질 듯 추락하는 그 목숨의 끝 끝에서
마지막 투창을 던진다.
흑백뿐인 주사위로,

극적 반전을 노린 역설의 칼 하나로
여윈 심장을 겨눈 이 최후의 순간에
지상은 텅 비어 멈춘 듯
무덤처럼 떨고 있다.

꿈

숱하게 부러진 꿈들이 고물더미로 쌓인
중고 가게에서 청상(靑孀)을 생각한다.
날마다 재혼을 꿈꾸며
주름살이 늘어난,

전율

정밀 검진 끝에
보호자와 오라는 의사…,

순간,
머리칼 끝에
섬뜩히
스치는 짐승

온 몸의
신경의 촉수가
파르르르
떨린다.

내 속에 울던 짐승

내 속에 말없이 살던 순한 짐승 한 마리
까치독사만 같은 세상의 혀끝이 닿자
불현듯 야성이 되살아
피 흘리듯 울더니,

밤들자 저를 겨누던 그 낱낱의 칼날을 찾아
성난 이빨로 단숨에 덮치고 말듯
가끔씩 내 뜻을 어기고
탈옥하듯 뛰쳐나간다.

그런 날 해안에 가 먼 동해를 다 삼키면
하늘을 울던 짐승은 양떼로 와 잠들고.
검게 탄 영혼의 땅이
별빛처럼 씻긴다.

마른 숲

독수리 부리 같은
세상의 발톱에 할퀴어

길은 끊어지고
한 마리 산새도 없는,

내 시를 다 갉아먹은
저 황량한
겨울 숲.

지영에게

여름밤 별무리보다 더 많은 사람이 사는
서울 변방의 까치집 같은 아파트 속
너 하나 떨구어두고
돌아오며
또 본다.

해와 달 별빛들이 네 집으로 쏠려와
삶의 꽃밭으로 꽃잎으로 피어나도록
천리 밖 어미 아비는
먼 허공에
손 모은다.

첫손자

흡사 애벌레 같은 한 생명이 내 뜰에 왔다.
두 손 휘저으며, 첫 울음을 터뜨리어.
비로소 세상은 열리고,
강물이 막 흘렀다.

저 광대한 우주의 그 어느 별빛에 닿아
또렷이 찍어낸 듯 입과 코, 두 눈과 눈썹
굽이쳐 3세로 이어진
유전자가 흐른다.

우리들 핏줄의 강은 본능에 닿아 흘렀어도
연신 벙그는 저 꽃잎과 꽃잎들이
낱낱이 내 속에 들어와
혼의 때를 지운다.

천년의 노을
―아버님 영전에

중환자실 창 밖으로 천년의 해가 저물 녘
산소마스크의 아버님은 노을로 탔다.
한 평생 뼈 속을 흐느낀
그 아픔이 불길로 번져,

가난과 이념의 질곡, 식민지 상흔이 타고,
베옷 흰 적삼이 피에 젖어 얼룩진,
이 반도 흑백의 연대가 울먹이며 타고 있다.

억새 서걱이는 그 황톳길 몇 만 리
빙하기 밤벽 같은 어둠들을 다 찍어 일군
사무친 눈물 빛 하늘에
핏줄들이 엉깁니다.

이제 노을은 지고, 천년이 또 오는 길섶
님의 땅 발길마다 하얗게 소금이 남아
선홍빛 인동의 꽃으로
내 영혼을 태웁니다.

제5부 윤동주 생각

윤동주 생각
―대성중학교에서

풀빛 언덕으로 실바람은 나부끼고
연신 물결 져 오는 그 감성의 바다 위로
한 떨기 조선의 별이
제 속살을 태운다.

낯선 이국의 하늘, 그 혹한의 벌판에 떠는
깡마른 수숫대 같은 흰 옷섶의 뼈 속에 박힌
그 먹빛 피멍을 삭히며
가슴에 뜬 별 하나.

두만강에서

한·중 국경에 와 두만강의 신음을 본다.
속옷 하나 걸치지 않은 무산 탄광이 쏟아내는
적갈색 하혈을 흘리며
중병이 들어 누운 강.

회억(回憶)의 눈발들은 갈꽃으로 부서져 삭고
아비의 땅을 탈출해온 피 묻은 이야기들이
이국(異國)땅 풀섶 곳곳에
유골처럼 드러났다.

내 핏줄이 닿아 흐를 강 건너 산등들은
낯선 구호를 쓰고 웅크린 채 말이 없고
섬뜩한 상복을 걸친 듯 하늘은 자꾸 추락한다.

독도

푸른 유리컵 같은 저 동해의 자궁을 열고
몇 조각 뼈로 태어난 백두의 핏줄 독도가 산다.
수줍은 태초의 햇살이
맨 처음 닿는 곳.

해협 밖 미친바람이 제 뿌리를 흔들 때는
시퍼런 힘줄을 떠는 겨울바다의 등뼈
결연히 창검을 세운다.
그 실존의 한 끝에서,

백두대간을 따라 혈육들이 잠든 밤
거친 풍랑에 꺼질듯 깜박이다.
가끔은 고독에 깎이며
소금 꽃을 꺾어 문다.

고래산[*]

저 억겁의 기상과 무게, 그 침묵이 내 앞에 앉아
하냥 거슴츠레 두 눈만 껌뻑인다.
의병장 돌석을 길러낸
그 모성도 감춘 채,

세상이 흐린 날은 근심스레 허공만 보다
7번 국도를 따라 마을까지 가끔 내려와
흐르는 세월의 강물을
두 손으로 짚어본다.

---

[*] 고래산 : 경북 영덕군 축산면 도곡리 소재로 평민 의병장 신돌석이 젊은 날 무술 연마와 체력단련을 했다는 산.

밥그릇
―소득 일만불에

숯덩이 햇발로 타는 철강공단의 꼭대기쯤
밥그릇 하나 걸고 육신과 영혼을 태운
헐벗은 노동의 밤들이
목숨 바쳐 쌓은 탑.

떨리는 두 손으로 부둥켜 잡은 그 밥그릇
목을 뺀 절규들이 불덩이로 흩날리고
굶주려 명줄을 흔들던
어둠들이 타고 있다.

해동기

서릿발 소름이 친 대학살이 끝나고
성벽 무너진 틈으로 시신들을 거두는 사이
하나 둘 무장해제를 당한
점령군이 퇴각한다.

역사

총선 출마자들의 병역비리로 들끓을 때
만기 제대를 한 외아들이 돌아왔다.
이 아비 서른 해 바깥의
그 휴전선 부근서,

군복 바지를 걷자, 독충에 물린 흉터들……
그 순간, 가족들은 울먹이듯 말을 잃고
아이는 그저 덤덤히 괜찮다고 그런다.

내 아이 상흔 같은 역사는 이리 흐르는가.
독침이 살갗을 뚫던 그 순간도 잊은 듯
며칠 뒤 비리로 얼룩진
그 후보를 또 뽑는,

참꽃

까만
씨앗 같은
혼의 불로 깜빡이다

살아
실눈을 뜬
가지 끝에
핏기가 돌자

산은 또
황사를 쓴 채
피 흘리듯
웁니다.

바다가 우는 날

밤새도록 피가 끓더니 속살이 다 터진 바다
하늘도 자학하듯 처절히 반란하는가
다 끊긴 지상의 길에는
경보음만 붉게 운다.

해안 절벽에 와 곤두박혀 부서지는
저 수천수만의 투신, 울부짖는 원초의 육성
이런 날 우주의 통로는
다 무너져 헝클린다.

대나무

등뼈가 휘어져도 시퍼런 칼이던 식물

때로 죽창이다가
죽창 끝에 백기(白旗)도 걸던

참담한 역설의 역사가
늘 대숲을 흔든다.

도산서당(陶山書堂)에서

현기증을 가누며 까마득한 성채(城砦)를 본다.
창검보다 더 푸른 저 꼿꼿한 붓 한 끝에
바람도 옷섶을 여미고
문밖에서 떨고 있는,

어둠을 깨뜨리고 다시 연 조선의 하늘
그 쪽빛 영혼의 강에 미망을 다 태워낸
산발치 낱낱의 송백이
성벽으로 둘러섰다.

대숲이 흔들릴 땐, 성은 더욱 높푸르고
마지막 피 한 방울 여읜 뼈도 다 태워 그린
서릿빛 백 매화 한 폭이
불을 물고 번져간다.

하회(河回)에서

낡은 성체(城砦)만 같은 하회마을을 걷는다.
피사체로 무겁게 선 골기와 솟을대문
다 늙어 등이 휜 강이
동구 밖을 휘감은,

몇 백 년을 건너 와 행랑(行廊) 밖에 삭고 있는
말방울 탈바가지 돌이끼 쓴 전설 속
어디쯤 왕조를 받들던
그 기둥도 누워 있다.

고산자(古山子)

바람은 떼거리 지어 권력쟁탈로 으르렁댈 녘
양귀비 꽃잎 같은 그 유혹도 뿌리치고
장엄히 혹한을 건너는
그 절망의
부신 길.

반도 응달에 떠는 여윈 산 실개울 낱낱
핏줄처럼 부둥켜안고 붓끝으로 찍어 담는다.
조정이 백성을 버리는
그 역설의 땅 끝까지,

벌목장 도끼 날로 어둠들을 찍어가며
백두대간을 타고 한 목숨을 다 사룬
서리 빛 영혼의 뼈가
엉겅퀴로 타고 있다.

망월동에서

가녀린 풀잎에도 핏줄은 저리 흘렀느니,
햇살 설핏한 황톳길을 절룩이며
다 터진 혈관을 휘감고,
떨어지던 꽃잎들….

아직 소름이 돋는, 소름이 돋아 섬뜩한
묘역 언저리에 떨고 있는 하늘을 본다.
부서져 허공에 뒹구는
그 온 몸에
불이 붙은,

사할린의 민들레

1
백두(白頭) 고을물이
하늘에 닿아 굽이 트던
그날 그 징소리가
낙화로 와 뚝뚝 질 땐
천길 늪
말굽을 젖히고
송이, 떨기 뿜더니

2
동해, 한 굽이
피무늬로 뜨던 그날
찢겨 간 생가지가
탄가루에 삭아 떨다
야윈 손 허공에 담근 채
꽃대궁만 외로 섰다.

오호츠크 해류에 뜬
생채기만 그냥 남아
무명, 흰 옷섶엔
이가 누런 사투리들
멍 박힌 씨앗은 벌어
갯벌 허허 날고 있다.

3
누이야 네 넋이 떨
북간도 별 빛을 찾아
황토빛 풀씨 하나
죽지 떨며 헤어가다
시방도 길섶에 떨어져
혼꽃으로 피고 있다.

4
보신각 쇠북에 깬
갈숲 먼 산자락엔
긴긴 밤 해류를 건너
성묘로 온 메아리에
도래솔 고목이 울어
선산(先山)을 죄 흔든다.

5
북위, 오십도 밖
뼈에 밴 아픔을 털며
모국어로 헤어와도
생살이 터 목맨 강물
칠흑 길 아픔을 빠갤
쇠북이여 울거라.

엉겅퀴 한 잎 따 물고

삼팔, 그 강둑을 쪼다
남도, 강변에 와
깃을 터는 황새여
저 꽃대 동통(冬痛)을 삭힐
불씨 몇 점 떨궈라.

대왕암 · 2

뿌연 황사에 묻혀 이 산하가 흔들리거든
쪽빛 동해 한 폭 네 가슴에 얹어 봐라
천년 밖 뜨거운 말씀이
뼈에 닿아 붉으리니,

네 혼의 정수리로 푸른 불길이 일어
도솔천 연꽃 같은 먹바위 주름을 열고
이 밤도 반도의 하늘에
섬광으로 타느니,

꽃잎보다 더 아픈 사무침 뼈 속에 두고
한 가락 대피리로 천만 길 파도를 꺾는
임의 혼 드높은 하늘에 옷깃 사뭇 떨려라.

> 해설

냉철한 시대진단과 선비정신의 지표
－조주환의 작품세계－

민병도
시인

　'좋은 시란 어떤 것인가'라는 질문에 대한 대답은 제각기 다양하다. 시대에 따라서도 다르겠지만 같은 시대라 할지라도 신분이나 환경에 따라 다르고 가치관에 따라서도 그 대답은 판이하다. 어떤 이는 도덕성이나 잠언적 메시지를 말하기도 할 것이고 또 어떤 이는 집단적 이익이나 이데올로기를 꼽기도 할 것이다. 언어가 지닌 아름다움을 주장하는 이가 있는가 하면 형식이 갖는 조형미를 택하는 이도 있을 것이다.
　하지만 그 다양한 대답을 관류하는 한 가지의 공통점은 그 시를 통한 감동과 깨달음을 목표로 하고 있다는 점이다. 물론 그 감동이나 깨달음에도 각각의 느낌이 있을 것이나 대개는 다음의 두 가지로 분류가 된다. 그 하나는 글쓴이의 개인적 감동이나 깨달음에 초점을 맞춘 경우이고 다른 하나는 공동체적인 감동과 깨달음을 지향한 경우가 그것이다.

전자의 경우가 비교적 아마추어적 지향이라면 후자의 경우가 프로페서에게 요구되는 가치덕목이라 하겠다. 오늘날의 시가 고도로 발달한 인쇄문화라는 수단을 빌려 독자에게 전해지는 까닭에 독자들은 시인에게 후자의 의무를 요구하는지도 모른다.

그렇다면 무엇으로 독자를 감동시킬 것이며 어떻게 깨달음에 이를 것인가. 감동이란 모름지기 자신이 경험하지 못한 새로운 현상의 발견에서 오는 마음의 동요에 다름이 아니다. 미처 생각하지 못한 사려의 깊이나 꿈꾸지 못한 미지의 세계, 행동으로 옮기지 못한 양심의 노래 등 감동의 불씨는 그야말로 다양하다. 그런데 그 감동의 인자들은 반드시 깨달음이라는 과정을 통해서만 꽃이 피고 열매가 맺는다는 사실이다.

깨달음, 끊임없이 자신을 버리고 있는 그대로의 참모습을 바라볼 줄 아는 자세라야 모든 것이 새롭고 모든 일이 눈부시기 마련이다. 따라서 감동을 주는 시를 쓰기 위해서는, 그리하여 좋은 시를 쓰기 위해서는 반드시 이 깨달음의 자세가 전제되지 않으면 안 된다. 깨달음을 얻기 위해서는 우선 자신이 걸어온 지난날들을 버리지 않으면 안 된다. 과거의 경험이 미래로 나아가는 길잡이 인 것만은 틀림이 없지만 그렇다고 미래로 가는 길 그 자체는 아니기 때문이다. 버릴 것과 주머니에 담아야 할 것들에 대한 고민이 필요하다. 충분한 고민과 실사를 통한 검증만이 미래에 대한 보장이 가능하기 때문이다.

조주환 시인의 네 번째 시집 『소금』을 읽으면서 문득 '좋은 시'가 지녀야 할 조건들을 생각하게 되는 것은 그의 시에는 바로 그 좋은 시를 위한 깨달음으로 가는 갖가지의 방법들이 사전처럼 정리되어 있기 때문이다. 그의 시에는 시종일관 현실에 대한 진단과 자신이 감내할 수 있는 처방으로 가득하다. 아니 어쩌면 아직은 임상실험이 끝나지 않은 섣부른 처방전보다는 오진(誤診)에 대한 우려와 근심이 더욱 큰 것인지 모른다. 어떻든 그의 시를 감싸고 있는 긴장미는 읽는 이로 하여금 숙연하게 만든다.

사실 조주환은 지금껏 두 권의 시집을 상재하면서 한 번도 작품해설을 붙인 적이 없었다. 그런 그가 필자에게 작품해설을 청해왔을 때 실은 적잖이 부담스러웠다. 왜냐하면 그만큼 그는 자신의 시조에 관한 한 대단한 자존심의 소유자였기 때문이다.

1986년, 그러니까 등단 10년 만에 묶은 첫 시조집 『길목』의 상재 이후 20년 만에 묶은 『독도』 이후 내는 작품집이다. 물론 1991년 『사할린의 민들레』를 발간한 적이

있었으나 그것은 한 가지 주제를 가지고 심도 있게 파고든 장편시조였던 점을 감안하면 지나치리만치 그의 보법은 조심스럽다.

등단 30년에 네 권의 시집, 물론 가려서 뽑은 것들이지만 분량으로 말하자면 조금은 아쉬운 것이 사실이다. 하지만 그는 질적으로 그 아쉬움을 충분히 메워주고 있다.

1. 역사적 자각과 길 찾기

조주환의 시에서 우선 두드러지는 관심은 역사기행을 통한 자각과 미래에 대한 길 찾기이다. 역사란 다가올 미래의 거울과 같다. 비록 시간적 차이에서 오는 모습은 다르지만 세심하게 읽어보면 판단의 순간마다 어떤 역정을 딛고 그 고비를 넘겼는지, 그리하여 앞으로는 어떻게 대처해야 하는지 짐작할 수가 있다. 지나간 역사는 역사 그 자체에 의미가 있는 것이 아니다. 바로 거기서 미래를 읽을 수 있다는 데 의미가 크다.

풀빛 언덕으로 실바람은 나부끼고
연신 물결져 오는 그 감성의 바다 위로
한 떨기 조선의 별이
제 속살을 태운다.

낯선 이국의 하늘, 그 혹한의 벌판에 떠는
깡마른 수숫대 같은 흰 옷섶의 뼈 속에 박힌
그 먹빛 피멍을 삭히며
가슴에 뜬 별 하나.

-「윤동주 생각」 전문

'-용정중학교에서' 라는 부제가 붙은 이 시에서 시인이 전하고자 하는 메시지는 민족의 이름으로 죽어간 윤동주 시인의 고결한 영혼에 대한 안타까움과 감사의 마음이다.

용정중학교는 항일 시인 윤동주가 다닌 학교로 그는 재학시절에 광명중학교를 다녔으나 통합하여 대성중학이 되었다가 해방 이후에 다시 이름이 바뀌었다. 특히 이 학교 졸업생 가운데에는 70여명의 항일(抗日)열사가 배출되어 민족운동사에 이름을 빛내기도 하였다. 용정중학교 교정에는 윤동주 시인의 시비와 윤동주 기념관이 세워져 있다.

이러한 민족의 혼이 불타오르고 있는 역사의 현장에서 시인은 오롯이 빛나고 있는 별 하나를 만난다. 그것도 하늘에 뜬 별이 아니라 가슴에 뜬 별이다. 조국을 사랑하였다는 죄로 사람이 사람으로부터 목숨을 빼앗기고 이국의 하늘을 떠돌다가 고향으로 돌아와 정신의 길을 비추는 별이 된 윤동주, 조 시인은 지금 그를 만나고 있는 것이다. 비록 아무런 구원과 위안의 손길을 보낼 수는 없지만 "깡마른 수숫대 같은 흰 옷섶의 뼈 속에 박힌" 조국애에 가슴 아파하고 있다.

이 시는 두 수 한편으로 된 짧은 기행시에 불과하지만 일반적인 기행시가 갖는 수사적 가벼움이나 정서적 흥분에서 벗어나 있다. "풀빛 언덕으로 실바람은 나부끼고"로 시작되는 초장부터 시인은 고도의 상징성을 시도하고 있음을 알 수 있다. '풀빛 언덕'은 어디인가? 물론 윤동주가 자란 만주의 용정이겠고 지금 시인이 서 있는 용정중학교일 것이다. 하지만 풀빛이 가져다주는 이미지는 단순한 들판의 풀빛만이 아니다. 순하기만 한 풀의 이미지를 지닌 조국의 땅이요, 나부끼는 '실바람'은 평화로운 시간의 설정이다.

그 평화의 땅에 "연신 물결져 오는" 자연의 질서를 그르치며 "한 떨기 조선의 별이/ 제 속살을 태"우는 현장에서 시인이 할 수 있는 일이란 역사의 거울에 비친 일그러진 자신의 모습을 고치는 것 외에 또 무엇이 있겠는가. 시인이 행간에 흐르는 조사 하나마저도 소홀히 다루지 않고 감정의 내면으로 가라앉히는 이유는 바로 윤동주의 거룩한 죽음을 헛되이 하지말기를 다짐하는 기도이기 때문이다.

푸른 유리컵 같은 저 동해의 자궁을 열고
몇 조각 뼈로 태어난 백두의 핏줄 독도가 산다.

수줍은 태초의 햇살이
맨 처음 닿는 곳.

해협 밖 미친바람이 제 뿌리를 흔들 때는
시퍼런 힘줄을 떠는 겨울바다의 등뼈
결연히 창검을 세운다.
그 실존의 한 끝에서,

백두대간을 따라 혈육들이 다 잠든 밤
거친 풍랑에 꺼질듯 깜박이다
가끔은 고독에 깎이며
소금 꽃을 꺾어 문다

-「독도」 전문

  독도, 최근 일본의 한 지자체에서 영유권을 주장하는 조례를 통과시킴으로써 비상한 관심을 불러일으킨 섬이다. 행정구역상으로는 경상북도 울릉군 울릉읍 도동에 속한 섬으로 동경 131°51′21″~131°52′30″, 북위 37°14′~37°15′에 위치하고 있다. 과거에는 삼봉도, 우산도 등으로 불렀으나 고종 18년(1881)부터 독도라 부르게 되었다. 물론 일본에서는 다케시마(죽도-竹島)라 부른다.
  그런데 조주환 시인이 이 시를 발표한 시기는 1997년으로 지금 벌어지고 있는 영토분쟁과는 무관해 보인다.

하지만 이 시에서는 '백두'라는 단어가 두 번씩이나 등장하는 것으로 보아 우리민족의 가슴속에 절대불변의 존재로 자리매김하고 있음을 볼 수 있다. '백두'란 한반도의 상징적 이름이며 정신의 뿌리와 같은 의미를 지닌다. 떨어져 사는 자식을 그리워하던 부모가 마침내 자식을 만난 그 감회처럼 그저 애잔하고 그저 대견하기만 하다. 그것은 '푸른 유리컵 같은 저 동해의 자궁을 열고' 나온 '백두의 핏줄'이며 그것은 '동해의 등뼈'였다. 사람의 손이 닿지 않는 인식의 저편에서 날마다 파도와 싸우고 있는 그것은 곧 '몇 조각'의 '뼈'였던 것이다.

첫 수가 독도의 태생적 존재의 대한 환기였다면 둘째 수는 자립에 대한 강렬한 의지를 드러내고 있다. 아무리 자연의 이치대로 변해 가는 모습들이라고는 하지만 예기치 못한 비바람과 가뭄과 작열하는 태양과 무서우리만치 캄캄한 어둠 앞에서 결연히 일어서서 자신을 지키는 일은 거룩하다. 그것이 생명체이든, 생명체로 환치된 바위 덩어리이든 시인에게는 그것이 삶의 교과서에 다름 아니다. 놓치기 쉬운 행간의 의미를 정확히 읽어서 자신의 미래는 물론 독자에게 전하는 일은 일종의 구도자적 노동이다.

그러기에 '시퍼런 힘줄'을 읽어내고 그 힘이 지향하는 '실존의 한 끝'을 찾아 '결연히 창검을 세'우는 것이다. 그것이 삶의 아름다움이며 그것이 존재의 위의(威儀)인 것이다.

하지만 허용 받은 시간이라고 마냥 칼날을 세우는 날들의 연속일 수는 없다. 더욱 중요한 것은 자연의 질서를 깨뜨리는 것보다 그 섭리에 순응하는 일이라는 사실을 시인은 깨닫고 있다. 그러기에 '백두대간을 따라 혈육들이 다 잠든 밤'을 '소금 꽃' 꺾어 물고 고독을 견뎌내는 독도의 자세를 가슴 깊이 새겨 넣는 것이다.

이 시 독도에서도 알 수 있듯이 조주환의 시에서는 유난히 '뼈'가 많이 등장한다. 뼈는 생명체를 지탱하는 기본 구조물이다. 그리고 그것은 피와 더불어 생명체의 상징적 개념이며 본질이나 근원적인 현상, 존재의 가치를 강조할 때 사용하는 메타포의 한 수단으로 사용하는 단어들이다. 그런 면에서 보면 조주환은 심도 있는 정신적 접근 방법으로 형식의 담금질 못지않게 일정한 시어의 연상작용을 빌리는 수법을 즐긴다고 보여진다. 이 또한 삶에 임하는 그의 자세이리라.

여기 역사의 질곡에서 아픈 상처로 남겨진 또 하나의 현장이 있다.

> 한·중 국경에 와 두만강의 신음을 본다.
> 속옷 하나 걸치지 않은 무산 탄광이 쏟아내는
> 적갈색 하혈을 흘리며
> 중병이 들어 누운 강.

회억(回憶)의 눈발들은 갈꽃으로 부서져 삭고
아비의 땅을 탈출해온 피 묻은 이야기들이
이국(異國)땅 풀섶 곳곳에
유골처럼 드러났다.

내 핏줄이 닿아 흐를 강 건너 산등들은
낯선 구호를 쓰고 웅크린 채 말이 없고
섬뜩한 상복을 걸친 듯 하늘은 자꾸 추락한다.
ㅡ「두만강에서」 전문

  일반적으로 기행시에 있어서는 개인적 감정이 짙게 묻어나기 마련인데 여기서는 시인의 감정이 최대한 절제되어 있다. 물론 조주환의 눈에 비쳐진 피사체의 묘사가 주조를 이루고 있기는 하지만 결코 상투적인 접근이나 흥분됨이 없이 견지자적인 평정심을 지키려는 모습이 역력하다. 이러한 모습은 역사의 현장이라는 보편적 정서를 벗어나 있는 그대로의 모습을 반추하기 위한 부단한 노력의 결과다.
  때로는 선린우호의 관계로, 때로는 반목과 적대의 관계로 이마를 맞대어야 했던 한반도의 국경에서 피 묻은 민족의 아픈 역사를 되짚어 보는 시인의 마음에는 만감이 교차하고 있다. 게다가 '속옷 하나 걸치지 않은 무산탄광이 쏟아내는/ 적갈색 하혈을 흘리며/ 중병이 들어 누운 강'을 보자니 자꾸만 그 옛날 갖가지의 핍박과 국란을 피해 건너야 했던 그 조상들의 모습이 어려 온다.

왜 이다지도 수많은 사연으로 민족의 가슴을 가로질러 흐르는가. 게다가 분단이라는 조국의 현실은 또 어떻게 받아들여야 할 것인가. 강이 무슨 잘못인가. 조주환은 지금 인간이 저질러서 인간이 어찌지 못하는 아픔을 함께 나누고 있다. 말하자면 역사를 통한 반성적 성찰이며 미래로 향한 길 찾기인 셈이다.

2. 시간에 대한 이해와 순응의 자세

시간은 누구에게나 한 치의 오차도 없이 균일하게 다가온다. 왕후나 무수리라 할지라도 예외가 없고 어린이나 노인이라 할지라도 차별이 없다. 그것은 자연의 순리이며 질서이다. 다만 인간이 그것을 받아들이지 못할 뿐이며 인간만이 그것을 기피해볼 역심을 품는다.

개인적으로 아무리 소중한 오늘일지라도 영겁의 세월 속에 스쳐 가는 한 순간일 뿐이며 광대무변의 우주공간 속에서 일어나는 헤아릴 수 없는 모습들 가운데 하나일 뿐이다. 이렇듯 찰나적인 순간을 보다 크게 확대재생산하고 보다 의미 있는 가치를 부여하는 것은 인간만이 지닌 차별성일 것이다.

나에게 주어진 시간만이 나의 것이 아니며 나에게 의미되어지는 것만이 소중한 것 또한 아니다. 나에게 다가오는 기쁨만이 기쁨이 아니며 나를 쓰러뜨리는 불행만이 불행이 아니다. 앞서 말한 대로 깨달음이 자신을 버리는 일이라고 한다면 자신을 긍정하는 일은 그 깨달음의 첫걸음이다. 시간의 속성 안에 자신을 의지한다는 것은 지극히 당연한 일이지만 쉽게 받아들이기 어려운 일이다. 철학자라면, 성직자라면, 시인이라면 능히 그 시간의 변화 속에서도 절대불변의 기쁨과 마음의 충만을 찾을 수 있을 것이다.

> 마흔을 겨우 넘자 글자들이 흔들리더니
> 자꾸 눈을 닦아도 달아나는 낱자들.
> 생각은 산 너머 하늘
> 노을처럼 번진다.
>
> 다시 고개를 돌려 돋보기로 낱자를 잡다
> 눈감고 그저 감감히 눈감고 볼 수밖에
> 달아나 벽면에 박힌
> 그 낱자를 찾는다.
>
> 눈에 안 뵈던 것들 눈감으니 더 잘 보인다.
> 낱낱이 가슴에 쏠려 이슬 빛을 단 것들

그 모두 용서도 하고
실타래를 풀어준다.

―「심안(心眼)」 전문

이 시에서 조주환이 발견한 깨달음은 '눈에 안 뵈던 것들 눈감으니 더 잘 보인다'라는 셋째 수 초장에 집중되어 있다. 지금껏 눈을 통해 그토록 많이 보아온 것들은 표피적이고 현상적인 것들에 불과하였다. 나이를 먹고 그리하여 마음의 눈을 얻는 나이가 되어서는 그토록 화려해 보이던 꽃도, 그토록 뜨겁게 목마르던 사랑도 빛이 바래고 열기 또한 식어버리기 마련이다. 마음의 눈을 통해서 세상을 본다는 것은 이미 깊은 깨달음의 과정에 들어 있다는 반증이다.

그쯤에 가면 풀지 못할 분노도 없으며 용서 못할 죄악도 없다. 조 시인은 시간에 대한 올바른 이해를 통해 이미 색(色)이 곧 공(空)이요, 공이 곧 색이라는 불이(不二) 사상을 실천하고 있는 것이다.

물론 3수로 된 이 시는 이미지 전개과정이나 수사에 있어서의 절제가 돋보이는 작품이지만 언어의 직조 속에서 읽혀지는 익숙함보다 내용이 주는 메시지가 더욱 크게 느껴진다.

이러한 경향은 「폭포에게」에서도 여전히 호소력 있게 읽혀진다.

누구를 위한 투신(投身)인가. 이 청맹(靑盲)의 목숨이여
웅크려 응달에 떠는 핏줄도 이웃도 두고
제 한 몸 허공에 내던져
도주(逃走)하듯 사라진,

이 비열한 영혼이여, 돌팔매를 치느니.
광장 분수에 가 치솟는 분노를 보라
한 떨기 가녀린 풀꽃도
살을 떠는 연대에,

한 시대의 양심을 비껴 바위틈에 숨어든 뒤
육신을 자학(自虐)하듯 부서져간 그 절벽에
핏발선 역모의 밤 같은
긴 흉터만 남아 떤다.

-「폭포에게」 전문

  장엄한 소리를 앞세우며 떨어지는 폭포 앞에서도 시간에 대한 이해와 역설적으로 다가오는 순응의 자세는 여일하다. 다만 「심안(心眼)」이 자신의 변화에 대한 관심이라면 「폭포에게」는 자신의 감정이 이입된 자연현상에 대한 사유라는 점이 다를 뿐이다.
  '투신(投身)'이라고 하였다. '제 한 몸 허공에 내던져/ 도주(逃走)하듯 사라진' 물줄기는 지금 조주환의 눈앞에

서 흐르는 단순한 물줄기가 아니다. 그것은 '한 시대의 양심을 비껴 바위틈에 숨어든 뒤/ 육신을 자학(自虐)하듯 부서져간' 사람의 흔적이요, 시대의 정신이다. 지형을 따라 그저 무심히 흘러갈 뿐인 물줄기이지만, 그리하여 광장에서 치솟는 '분수'이거나 '한 떨기 가녀린 풀꽃'으로 나타나기도 하지만 시인의 가슴에 닿으면 아무도 읽어준 적 없는 인생독본이 된다.

3. 문명에 대한 비판적 성찰

조주환 시의 또 한 가지 갈래 가운데에는 문명에 대한 비판과 성찰이 적잖게 눈에 띈다. 그러나 그의 비판은 대개 역사적 근거나 사실에 입각해서 기해지고 있다는 점에서 공감대를 넓히고 있다.

　　신석기 바람이 이는 그 태고의 나일 골짜기
　　터놓고 옷고름 풀고 젖 먹였을 그 날의
　　아직도 애끊는 모정에
　　눈 못 감고 우는 게다.
　　　　　　　　　　－「대영박물관」세 수 중 둘째 수

등뼈마저 허옇게 헐린 산등은 황달을 앓고

강둑을 흔들어대는 차량들의 불빛에 질려
쫓기듯 헐벗은 논밭이 도심으로 달아난다.

―「겨울 들」 세수 중 둘째 수

등뼈가 구부러진 저 산의 속내를 보라.
밤낮 핵분열하듯 제 골수를 무너뜨리는
끔찍한 내전의 화염에
반란군을
안고 우는,

―「백혈병」 전문

 첫 번째 작품은 '―여자 미이라'라는 부제가 말해주듯이 영국의 박물관 전시품 가운데 서기전 1000년경으로 추정되는 이집트 여자 미이라를 소재로 한 작품이다. 외형적으로는 단순히 시인의 눈에 들어오는 유물에 대한 단상이지만 시인의 포커스는 문명이라는 이름의 사체유기, 혹은 상업적 면죄부에 대한 비판과 연민에 초점이 맞춰져 있다.
 '뼈 속까지 말리고 말려 영원을 살려던 여인'이 어쩌다가 고국 이집트는 고사하고 영국까지 끌려와 '대영 박물관 유리관에 갇혀'서 울고 있는가. 생성과 소멸은 우주의 가장 보편적 질서에 속한다. 비록 생시의 욕망과 집착에 따른 미이라라 할지라도 그 자체의 존엄과 초상권은 보호받아 마땅하거늘 힘의 논리에 따라 남의 나라에 끌려와서 소멸마저도 거부당하는 형벌을 감내해야 하는가. 또 그렇다면 소위 힘의 논리와 문명의 이기는 가진 자들만의 기득권이란 말인가. 지금 시인이 하고 싶은 말은 동정이나 연민이 아니라 자성이며 성찰의 마음이다.

두 번째의 작품에서는 인간생존의 터전으로 이용된 겨울 들판에서 문명이라는 이름이 남긴 상처와 산업화가 빚은 이농현상이 가져다 줄 정체성 상실을 우려하고 있다. 쌀이 재배되고 콩이 익어가던 생명체의 공간에 느닷없이 '아파트 군단'이 들어와 '병영처럼 진을 치'는 현실을 고발하고 있는 것이다.

이 같은 고발성 비판은 「백혈병」에서도 이어지고 있다. '등뼈가 구부러진 저 산의 속내를 보라'고 시작되는 이 시에는 정작 백혈병의 실체는 인간이 아니라 '등뼈가 구부러진 산'이다. 제 몸을 키워서 스스로 망해버린 공룡의 선택처럼 우리들의 선택 또한 '끔찍한 내전'으로 치닫고 있다.

이와 같은 시들에서 보이는 조주환의 정신성은 매우 강건하면서도 건조한 향기를 지니고 있다. 자신의 감정에 도취되거나 흥분됨이 없이 언제나 일정한 소금 끼를 유지하여 자신으로 인한 변질을 차단하고 있다.

4. 긴장된 절제미와 서정의 아름다움

전체적으로 볼 때 조주환 시의 특징은 냉정하고 분석적이어서 교훈적으로 다가오거나 도덕적 재무장을 권유받기 마련이다. 그것은 그가 즐겨 다루는 소재가 「어머니」, 「천년의 노을」, 「대왕암」, 「바람이 우는 날」과 같은 가족애 또는 혈육애이거나 「폼페이」, 「공룡 발자국」, 「돌밭에서」와 같은 철리(哲理)에 대한 합일과 존재론적 성찰이 주류를 이루기 때문이다. 하지만 그의 시에도 주목할만한 회화성과 서정미 짙은 작품들이 있다. 「낙엽길」이 바로 그러한 작품이다.

> 낙엽 진 가지 사이로 신의 자궁이 보일 듯하고
> 탯줄처럼 드러나는 저 원초의 고향길로
> 다 낡은 영혼의 집 한 채
> 지팡이에 끌려간다.
>
> 물소리로 흔들리던 개망초 꽃밭 너머
> 가을 소풍이 끝난 산그늘은 구부러지고
> 몇 마리 길 잃은 새들만
> 빈 벌판을 건넌다.
>
> ―「낙엽길」 전문

아름다운 작품이다. 세상의 모든 생명체들의 아름다운 한 때를 보내고 신이 정한 규칙에 따라 자신들의 본디 모습으로 돌아가는 계절이다. 비록 두수로 된 짧은 시이지만 시인이 겨냥한 세계는 결코 간단하지 않다.

첫 수에서는 한편의 영화 포스트 같은 영상미가 돋보이는 화면을 연출해내고 있다. '신의 자궁이 보일 듯한' 하늘 아래로 또 하나의 출발과 귀환의 사이클을 형성하고 있는 고향 길로 한 노인이 지팡이를 짚고 가는 풍경이 눈에 훤하다.

그러면서도 행간마다 한껏 멋을 부린 흔적들이 역력하다. '다 낡은 영혼의 집 한 채/ 지팡이에 끌려간다'로 마무리 된 종장처리를 보면 얼마나 많은 조탁을 거쳤는가를 짐작하고도 남는다.

그러한 표현의 기교는 둘째 수에서도 한결 같다. '물소리로 흔들리는 개망초'도 그렇지만 '가을 소풍이 끝난 산 그늘은 구부러지고'에 오면 마치 언어의 연금술사와도 같은 착각이 들게 한다. '몇 마리 길 잃은 새들만/ 빈 벌판을 건'너는 가을들에서 가을보다 먼저 돌아가 버린 마음의 길 찾기란 얼마나 아름다운 모습인가. 다만 한 가지, 낙엽 길에 무슨 이유로 개망초가 등장하는지에 대한 의문은 좀처럼 해결의 실마리를 보여주지 않는다.

이 밖에도 조주환 시인의 시에는 「무너지는 음절」, 「부토」와 같은 시사진단과 「지명의 강」같은 개인적 자각과 반성적 성찰을 겨냥한 작품들도 많이 보인다.

지금까지 조주환 시인의 네 번째 시집 『소금』에 실린 시편들을 애독자의 입장에서 읽어보았다. 20여 년 만에 묶는 시간성이 짐작케 하듯이 편편마다 정(釘) 자국이 눈부시고 행간마다 묵언의 메시지가 가득하다. 그의 언어는 느리되 정곡을 찌르고 그의 사유는 언제나 시간을 초월하고 있다.

조주환의 시조는 '사유'보다는 '직관' 쪽에 가깝다. 그것은 아마도 평생을 교육자로서 살아온 선비정신과 결코 무관하지 않을 것이다. 시편마다 청진기가 들려져 있고 시편마다 작은 촛불이 들려져 올곧은 삶을 향한 몇 갈래의 길들이 환하게 독자들을 인도하고 있다. 언제나 그는 부정적인 시각에서 현실을 조명하되 좌절하지 않으며 냉철한 진단은 내리되 희망을 버리지는 않는다. 그것이 그의 시조가 지닌 가치요 미덕이다. 분명한 것은 결코 가볍지 않은 그의 처방이 가져다 줄 민족정신의 건강성과 그의 전정술에 다듬어져 온 사도(師道)라는 나무에 열린 시조열매가 지닌 향기는 오래도록 지속될 것이라는 점이다.

조주환 연보

1946년   경북 영천시 화남면 삼창리 385-1에서 출생.
1967년   대구교육대학 졸업, 초등학교 교사.
1968년   『중앙일보』 시조란 「중앙동산」에 첫 작품 발표.
1974년   시집 『유성이 흐른 강 건너』 출간.
1975년   「구룡포국민학교 교가」 작사.
1976년   『월간문학』 신인작품상 「길목」(장순하, 이근배 선) 입상.
         월간 『교육자료』 시 3회 천료(박경용, 황금찬 선).
         <영남시조문학회>(낙강) 동인.
         중등교사 자격검정 국어과 합격.
1977년   시조문학에 「대왕암」 천료(리태극, 고두동, 정완영 천).
         <한국시조시인협회> 회원.
         『문학, 경부선』 동인.
         중등교사 자격고시 역사과 합격.
1978년   안강고등학교 교사.
1979년   <비화시조문학회>(맥 동인) 창립회장, 동인지 『비화』 창간.
1979년   <한국문인협회> 회원, 안강읍민의 노래 작사.
1983년   <영남시조문학회> 부회장.
1984년   제44회 『월간문학』 신인작품상 「엉겅퀴」 당선(이우종, 김제현 선).

1985년 <한국시조시인협회> 여름세미나 추진위원 및 주제 「현대시조에 나타난 바다상」 발표.
1985년 <한국시조시인협회> 감사.
1986년 시조집 『길목』 출간.
<비화시문학회> 명예회장, 동인지 6집까지 출간함.
1986년 『중앙일보』 제정 제5회 중앙시조대상(신인부문) 수상.
1987년 청소년 시조강연(경주, 포항).
<한국시조시인협회> 경북지부장.
1988년 <애채문학회> 지도시인(~현재).
<영남시조문학회> 이사, <한국시조시인협회> 이사.
1989년 경상북도 교원연수원 국어교사 대상 시조강의(~1994년).
1990년 <한국시조시인협회> 여름세미나 주제 「현대시조의 미래」 발표.
「사천 그 의식의 물굽이」(이근배론), 『현대시조』 여름호에 발표.
포항1대학 겸임교수(~1998년).
1991년 대장편 대하 서사시조집 『사할린의 민들레』 출간.
한국방송통신대학 국어과 졸업.
1992년 <한국시조시인협회> 이사.
「포항 대흥국민학교 교가」 작사.
1993년 『시조문학』 계간 시조평 집필.
「구정국민학교 교가」 작사.
대전 엑스포 기념 <한국시조시인협회> 여름세미나 주제 발표
1994년 고려대학교 교육대학원 국어교육전공 졸업(교육학석사)
<한국시조시인협회> 이사.

『시문학』,『월간문학』 시조월평,『시조문학』 계간 시조평.
고구려, 발해 유적지 문학 기행(월하, 사천 동행).
<한·중 문화협회> 주최, 한국·연변작가 세미나 주제
「민족문학의 동질성 회복을 위한 시조의 역할」 발표.
경상북도 중등 문예교육연구회 회장 피선.

1995년 제7회 한국시조시인협회상 수상.
「포항시민의 노래」 작사, 「신흥중학교 교가」 작사.
『순수문학』,『월간문학』 시조 월평,『시조문학』 계간평.

1996년 영남시조문학회장 피선, 한국시조시인협회 이사.
한국시조문학상 운영위원(사무국장).
국무총리표창 모범공무원증 받음.

1998년 <한국시조시인협회> 부회장, <시조문학작가회> 부회장.
『월간문학』 시조 월평,『시조문학』 편집위원.
「대송중학교 교가」,「흥해 남산초등학교 교가」,「두호
남부초등학교 교가」,「의성 춘산중학교 교가」 작사.
경상북도울진교육청 장학사.

1999년 『시조문학』「올해의 좋은 시」 운영위원.
포항고등학교 교감.

2001년 『시조시학』 기획위원,『시조세계』 편집위원.
축산중학교 교장.

2003년 경상북도교육청주관 해외연수 단장으로 유럽 연수.

2004년 포항고등학교 교장.
전국방송통신고등학교장 해외연수단장으로 호주 연수.
전국 <방송통신고등학교장협의회> 부회장.
「두호고등학교 교가」 작사.

2005년 시집『독도』 출간, 제4회 시조시학상 수상.

    <현대시조포럼> 이사.
    경상북도 교육행정연구회 부회장.
    「포항 장흥초등학교 교가」 작사.
2006년 <한국문인협회> 경상북도지회장 피선.
현재 포항고등학교 교장.

참고문헌

조동화, 「큰 스케일 다양한 변신」, 『낙강』 20호, 1986.
정해송, 「세 사람의 시」, 『현대시학』, 1986년 7월호.
한춘섭, 「현대시조논단」, 『현대시조』, 1987년 겨울호.
이은방, 「장고 끝에 개척한 장시조의 새 지평」, 『시문학』, 1991년
  7월호.
오동춘, 「장편 서사시조의 개가」, 『문예사조』, 1991년 10월호.
서숙희, 「불꽃의 정념으로 사할린의 민들레를」, 『포항』, 1991.
손수성, 「역사의식과 현실의식의 예술적 승화 - 조주환론」, 『영천
  문학』, 1995.
민병도, 「냉철한 시대 진단과 선비정신의 지표」, 『독도』, 2005.